MOTVIKT

Av Kicki och Gunnar Lidén

Ett dussin russin 2007
Sånger från balkongen 2014
Grekiska Livstycken 2016
Ostmästaren i Poligny 2019

Av Gunnar Lidén

Under tamarisken 2016
Grekisk sallad 2017
Halvt kilo rött 2017
Omvägar hemåt 2017
Körsbärsträdet snöar 2018
Rörlighetens gränser 2019
Återseende 2020
Morgondagar 2021
Jaga katt med Sally och Kajsa 2021
Spår 2022
Mesimeri 2022
Under färgens yta 2023
Uppströms 2023
Hållplatser 2023

© 2024 Gunnar Lidén, texter, teckningar och layout.
Omslag och grafisk form: Gunnar Lidén
Förlag: BoD · Books on Demand, Stockholm, Sverige
Tryck: Libri Plureos GmbH, Hamburg, Tyskland
ISBN: 978-91-8057-862-2
Kulturstugan, Olsätersgatan 116, 65468 Karlstad
gunnar@kulturstugan.se   www.gunnarliden.se

MOTVIKT

Teckningar och korta texter

Karlstad 2024

GUNNAR LIDÉN

KULTURSTUGAN

Innehåll

Förord

En positiv motvikt är nödvändigt för att stå ut med nyhetsrapporteringen om klimatkris, krig i vårt närområde och kriminella gäng som begår grova brott. Nyheter fulla av elände hotar att ockupera själen från morgon till kväll. Men det finns ett motstånd i den lilla vardagsnära verkligheten.

Vi kan välja vad vi släpper in i hjärtat när vi vaknar om morgonen. Vänder vi oss till det hotfulla, fyller det oss. Vänder vi oss till det positiva och kärleksfulla, fyller det oss med värme och glädje.

Jag börjar dagen med att se vad som hände senaste dygnet som rör vid livslusten och glädjen att upptäcka det positiva i vardagen. Det finns alltid något som ger mig ståpäls. Barnbarnet som lärt sig cykla, en föreställning på Operan, en fikastund med livsnära samtal. Allt sådant är för mig motvikt till mörkret som vill ta oss i besittning genom medias muller.

Teckningarna är gjorda med min Mont Blanc bläckpenna som låter mig se världen i svart-vitt, så att den framstår i färg och rörelse.

Karlstad i september 2024

Gunnar Lidén

Aten

mars 2024

På flygplatsen mötte vi munken
med sitt svartklädda entourage.
De var på väg till stranden
för en veckas semester i solen.
Badmodet varierar.

Betjäning

Att bli gammal i Grekland
har hög status i mataffären,
man får gå före i kön till charken.
Orkar man inte bära hem varorna
kör springpojken hem till dörren
och ordnar sittplats på bussen.

Återseende

Vi återser gamla vänner
på tavernor och caféer.
Ett besök är så mycket mer
än mat och ett glas vin,
det är en måltid med prat
om tider som har gått
och hur livet är idag.
Vi sitter ner i lugn och ro
medan livet rullar förbi.

Inkastaren

En vänlig inkastare
sätter färg på dagen.
De flesta bord är tomma
och han vill absolut
att vi ska stanna.
Han bjuder oss glatt
på ett glas billigt vin
så vi inte ångrar oss.

Kaos

När livet blir för enformigt
och allt verkar lugnt och tryggt
kan man alltid få till ett kaos
som rör om i ankdammen.
Då springer tusentals löpare
halvmaraton på Atens gator,
poliser stoppar bilar och bussar
och alla gläds åt dagens elände.

Sopåkaren

Hon har 20 meter mellan soptunnorna.
På 10 sekunder hinner hon kolla sin mobil,
se till att morfar har kört barnen till skolan,
och fråga om hunden har fått sin promenad.
Chauffören kör mjukt.

Förberedelser

Karneval med masker och dans på torgen.
Om en vecka börjar fastan.

Juli

Värmland

Ostlig vind över Gapern.
Klart, mjukt vatten, drygt 20 grader.
Badvänligt.

Kraft

Stora hallar, små rum
fyllda med spår av Älvens kraft.
Vi tankar energi för framtiden.
Deje Gamla Kraftstation.

Utombordaren

Lilla utombordaren
startar snällt på tredje rycket
efter varma ord,
fet blandning
och nya tändstift.
Vi hittar ut genom vassen.

Långsamhet

Grusväg genom granskog
går inte fort.
Blåbär och kantareller signalerar:
- Stanna!

Osynligt

Kärrhöken ryttlar över ängen.
Ser genom strätta och älggräs,
det för oss osynliga livet
på marken.

Återvända

Det går inte att återvända
till barndomens hus.
Andra har flyttat in.
Mitt rum har nya möbler.

Sidofigur

Fiskhandlaren och hans hund
är sidofigurer som får bärande roller
i Selma Lagerlöfs
Herr Arnes Penningar.
Litet blir viktigt
och stort blir smått.

Frihet

Älven steg en halvmeter
efter regnet.
Båtarna sliter i förtöjningarna.
Vill klippa navelsträngen
och känna friheten.

Älgen

Älgen klev lugnt över sextitrean
ner mot badstranden vid Killsta.
Där var för mycket folk
så han drog till Forsnäs.

Färjan

Linfärjan till Arnö
ska elektrifieras.
Vi ringer från andra sidan.
Hur ska vi nu se
om motorn startat
när ingen rök bolmar
ur skorstenen?

Högvakt

Al och gran bildar högvakt
när älven majestätiskt skrider förbi.

Regn

Bilar ankrade på parkeringsfickan
medan regnet vräkte ner.
Risk för vattenplaning.
Vi såg inte vägen.
Snart kastade vi loss.

Vi

Möten med kända och okända
berikar livet.
Vi-kulturen
gör den lilla jag-kulturen större.

Bron

Hjulstabron är en flaskhals
där man kan bli stående i timmar.
Värst är det för Räddningstjänsten
som inte hinner fram i tid
medan fraktfartyget långsamt
stävar mot Västerås
utan sirener och blåljus.

Olika

Vi bär våra olika förklädnader
som verkar ge status och framgång
och vi ser på alla andra
men glömmer ibland bort oss själva.
Bakom våra moderna plagg
är vi ganska lika varann
med drömmen om morgonrocken
och de varma raggsockorna.

Trafik

Cykeltur på 63:an
känns som tjursläpp i Pamplona.
Alltid någon som har
ett horn i sidan.

Sommarhus

Sommarhuset är en följetong
som förändras med invånarna.
Fönster öppnas,
dörrar flyttas.
Livet pågår.

Växthus

Ett hus att växa i
som håller mördarsniglarna ute.

Simmare

Vi har ett par fiskpinnar i vårt DNA.
Sarah Sjöström har flera.

Äventyr

Kan själv!
Tre år, båtmotor och pappa bredvid.
Ut i stora världen.

Seglats

Barkbåten som vi sjösatte igår
har seglat ut på havet.
Till Västindien eller Getebolsholmen.

Mondo

Stå pall när förväntningarna
är som högst
är guld värt.

Maskiner

Väggarna är fulla av minnen
i den gamla kraftstationen
där generatorn för länge sedan
snurrat sista varvet.
Nya målningar på väggarna
lyfts fram av gamla maskiner
som viskar med full kraft.

Forsen

Många fiskar flyter medströms,
några vill vidare uppåt,
strömmarna hindrar inte
för den som vill nå målet.

Vinna

David mot Goljat.
Viktigast är att tro att man kan vinna.

Vänner

Augustikväll med goda vänner
i värmelampans sken.

Sommar

Bada från båten, mitt ute på sjön
- då är det sommar.

Norrsken

Minns Gunnar Pavval i Arvidsjaur
som sa att norrskenet stod som en lappkåta
över honom när han var pojke.
Han kunde vissla ner det så att det
sprakade kring fötterna.
"-Det ska ni pröva någon gång",
sa Gunnar.

Fiske

Fiske är lite grann som att teckna eller skriva.
Man vet aldrig vad som kommer upp till ytan.
Det visar sig när man håller på.

IKEA

Skulle bara in och köpa två tavelramar.
Försvann vid bäddsofforna.
Kom aldrig tillbaks.

Skogen

Skogen är full av sång;
rödhake, röjsåg, bofink.

Mogna

De röda lingonen,
en kuliss i skogen.
Skuggsidan barnsligt vit.
Det tar tid att mogna
för bär och människa.

Ståpäls

Krigsflygfält 16, Brattforsheden.
Jas 39 Gripen ger ståpäls.
Gubbar och kärringar,
hästar och dyngryssar
sugs med av bara farten.

Kvällarna

Kvällarna blir mörkare.
Månen och stjärnorna lyser klarare.
Vi ser längre bort och längre in.

Dikeskanten

Sly och vildgran
växer fort i dikeskanten.
Skogen vill ta över.
Vägen smalnar.
Öppenhet är ett ständigt
pågående arbete.

Väggen

Gammal törstig stugvägg
dricker mycket färg.
Tung pensel uppe under takfoten
och nere vid altandäcket.

Flocken

Vissa av oss klarar sig inte
utan den stora gruppen,
andra kör hellre solo
och njuter ensamheten.
Några har varit flockledare
och vill dra sig tillbaka,
låta andra ta över
ligga bakåt i fältet.

Duell

Det är alltid en strid på kniven
vem som ska besegra vem
när kräftorna ligger på faten
och alla undrar varifrån,
var kommer dom ifrån?
Turkiet, Kina eller Sverige,
smakar dom lika bra,
kan svenska kräftor förlora
i en helt opartisk duell?

Bättre

Sickan hjälper oss att se bättre,
höra mer och lukta på skogen.
Vi blir bättre människa med hund.

Ved

Vänskap värmer.
Snälla grannar kommer med ved.
Vi travar för tork och vinterbrasa.

Rödfärg

Vi bygger ställning för rödfärg.
Maten förberedd.
Familjen inkallad.
Torrt väder.
Nattregn väntas klockan åtta.
Vi hinner.

Akrobat

När målarstegen inte räcker
behövs en akrobat.

Klor

Kräftkalas hör augusti till,
när Vättern generöst bjuder
till fiske i burar och håvar.
Stora klor är en tillgång,
med mjukt skal och innehåll,
värt att offra en hörntand på.

Vrå

Små båtar söker lä från vind och regn.
Älven blir en skyddad vrå i världen.

Två

Hundar och människor
vill gärna vara två.

Parthenon

En glimt av Parthenon på Akropolis
med kolonner och arkitraven.
Viadukten på norra Kroppkärr är ståtlig,
den också.

Konstverk

I färgaffären väntar konstverk i tuber,
mästerverk i akvarellblock
och skisser i en blyertspenna.

Ost

-Är det sôpp? sa Aurell.
Ta in en ost!
Karl-Johan är på ingång.

Kräftor

Där kräftorna sjunger
lär vi oss nya sånger
för att inte hamna i klorna
på den bleka tråkigheten
när röda armén är på intåg.

123

Speglingar

Sjön, en spegel efter blåsten.
Inget rör sig i soluppgången.
Morgonbrisen vaknar sakta.

Nära

Tillsammans men inte för nära.
En del träd blir lite eljest.

128

Under ytan

Under ytan börjar gädda och gös
röra på sig efter sommarvilan.
Dags att lägga nät igen.

Sångövning

Uppsjungning med kören.
Sträck och töj.
Gör en grimas.
Sjung på ett R.
Halsen är trång.
Snart blir det sång.

Fötter

Vem som helst får inte pilla med fötterna.
En bra fotvårdare gör underverk
med tår och sulor.

Stranden

Efter de stora regnen
har vattnet sjunkit i sjön,
stranden växer meter för meter,
grynnor blir synliga över ytan,
djupt nere går ett ekolod
och söker efter bottnen i mig.

Äpplen

Äppelskörd.
Äppelpaj.
Äppelmust.
Äppelmos.
Vilket äppelår!

Helighet

Fika med grannar.
Samtal om dåtid, nutid och framtid.
Äppelkaka.
Världen vidgas.
Vardagens helighet.

Lyskraft

Musiken kan vara det ljus
som flödar in i själen.
Så var det när Isabella Lundgren
och Christer Nerfont sjöng
ur American Songbook på CCC.
Varje ton fick en egen lyskraft.

Bad

Första sommarbadet minns vi.
Men sista doppet vill vi skjuta framför oss.
Många simtag kvar i Gapern
innan hösten kommer.

Spröjs

Medan regnet anfaller,
får fönsterbågen nytt kitt.
Handlaget är inte som förr.
Slarvar utan att skämmas.
Ingen ser bakom plastskynket.

Upptagning

Båtarna rullas upp ur sjön, en efter en.
Några håller ut i väntan på brittsommar
och glasklara dagar.

Träning

Den stela höftböjaren
diskuterar med de onda knäna
som lyssnar på höftledsartrosen
och gemensamt kommer fram till
att ta en kopp kaffe i soffan.

Hår

Hår och gräs växer fort
om sommaren.
Klipparen rensar
mellan vikar och örsnibbar.
Men vem är han i spegeln?

Högtryck

Det är bra tryck på vattnet
när verandatrallen ska spolas.
Stora munstycket skadar inte
när jord och mögel ska bort.
Den lilla pistolen gräver djupt
ner i trävirkets fibrer.

Teater

Minuterna innan ridån går upp
på operan
är laddade med pirrig förväntan
och öppna sinnen.
Som ett jättebroderi i korsstygn,
fullt av små detaljer.

Orm

Kraften i en högtryckstvätt
är som styrkan i en boaorm.
Kramar andan ur den som närmar sig.

Dans

Det blev en dans med sopkvasten
på nysåpat golv.
Amerikapodden i öronen.
Svårt med rytmen där.
Otakt.

Tvärtom

Barnbarnet tar med
mormor och morfar
på teater,
eller var det tvärtom?
Mamma Mu och Kråkan är också tvärtom.
Det blir roligare så.

Höftled

När bilprovningen säger att
spindelleden måste bytas,
ringer vi verkstaden.
När kroppsprovningen säger att
det finns hopp för slitna höfter,
ringer vi familjen.
Hip hurra!

163

Körsång

Musikklassfyran sjöng inför publik
för första gången.
Stolt morfar och farfar lyssnar och ler.

Tömning

Hela systemet behöver tömmas
om hösten.
Rörmokaren skruvade på en luftningsventil.
Vintern
anfaller snart.

Kroki

Teckna nakenmodell på två minuter
är att se och skilja viktigt från oviktigt.
Kroppen är bärande och vilande.
Ögat letar efter skillnader.
Handen följer efter.

Batteri

Nattkylan suger musten ur
gräsklipparens batteri.
Morgondimman gör marken genomsur.
Det blir inte alltid som man tänkt sig.

Huvudrollen

Inget kalas utan teater.
Men när man är fyra år
vill man ha huvudrollen.
Pjäsen har inget slut.
Publiken applåderar villigt.

Ballong

Vi cyklade förbi en ballonguppstigning.
Passagerarna skulle till Kil
men landade i Ulvsby.
Vindarna ritar om kartan.

Stödhjul

Igår tog pappa bort stödhjulen.
Fyraåringen cyklar ut i världen
för egen maskin.
Benen är fulltankade.

Ackompanjatör

Körövning med extra ackompanjatör
ger vår dirigent fria händer
att dra och vrida, gasa och bromsa.
Vi lutar oss i kurvorna.

Gitarr

Gitarrläraren spelar ackordkomp
till elevens melodi.
Andra lektionen känns lätt
när det är kul att lära sig nytt.
Tredje lektionen kan skapa intresse
för resten av livet.

Efterord

Det finns så mycket bra att se fram emot. Livet rymmer både härlighet och förfärlighet, och vi vill ju att det ljusa och positiva ska få övertaget.

"Ljuset lyser i mörkret och mörkret har inte övervunnit det", står det i Bibeln.

Det tror jag på. Därför fortsätter jag att rita några streck om morgonen och se vad som ska komma ur bläckpennan. Det märkliga är att när jag förväntar mig och hoppas på det goda, då ger det sig till känna. En flock domherrar eller ett nybakat surdegsbröd, en cykeltur längs sjön eller en teckning från ett barnbarn. Den lilla världen är full av ljus som gör livet lite lättare att leva.

Om författaren

Gunnar Lidén, född 1950, är värmlänning och bosatt i Karlstad. Under nära fyrtio år har Gunnar arbetat som präst i Svenska Kyrkan, där de bibliska berättelserna har tolkats, reflekterats över och återberättats. Existentiella livsfrågor har hela tiden funnits med i det samtal som predikan och kyrkans många riter innebär.

Att berätta i ord och bild har Gunnar ägnat sig åt de senaste åren i flera diktböcker med egna illustrationer. Flera av Gunnars dikter har blivit tonsatta och uppförda i körsättning. Ett dussin russin, Stjärnans färd, Frihetens band och Sånger från balkongen är sådana körverk.

Gunnar är medlem i Sveriges Författarförbund och Värmländska Författarsällskapet samt Svenska Tecknare och Värmlands Konstnärsförbund.

Mer information om Gunnars böcker, bilder och design finns på webbsidan *www.gunnarliden.se*